Gespensterjäger im Feuerspuk

Ein Leseprojekt
nach dem
gleichnamigen Kinderbuch
von
Cornelia Funke

erarbeitet
von
Ulrike Barzik

Illustrationen
von
Cornelia Funke
und
Gabriele Heinisch

Cornelsen

Inhaltsverzeichnis

Kapitel 1 .... Seite 3
Aufgaben zu Kapitel 1 .... Seite 7
Kapitel 2 .... Seite 10
Aufgaben zu Kapitel 2 .... Seite 14
Kapitel 3 .... Seite 16
Aufgaben zu Kapitel 3 .... Seite 20
Kapitel 4 .... Seite 22
Aufgaben zu Kapitel 4 .... Seite 26
Kapitel 5 .... Seite 28
Aufgaben zu Kapitel 5 .... Seite 32
Kapitel 6 .... Seite 34
Aufgaben zu Kapitel 6 .... Seite 37
Kapitel 7 .... Seite 40
Aufgaben zu Kapitel 7 .... Seite 43
Kapitel 8 .... Seite 46
Aufgaben zu Kapitel 8 .... Seite 50
Kapitel 9 .... Seite 52
Aufgaben zu Kapitel 9 .... Seite 56
Kapitel 10 .... Seite 58
Aufgaben zu Kapitel 10 .... Seite 62
Kapitel 11 .... Seite 64
Aufgaben zu Kapitel 11 .... Seite 68
Kapitel 12 .... Seite 70
Aufgaben zu Kapitel 12 .... Seite 74
Kapitel 13 .... Seite 76
Aufgaben zu Kapitel 13 .... Seite 78

Auf Seiten mit diesem Bild findest du Aufgaben.

Kapitel 1

Dies sind drei der erfolgreichsten Gespensterjäger unserer Tage. Hedwig Kümmelsaft ist eine berühmte Expertin auf dem Gebiet der Gespenstervertreibung. Tom Tomsky und Hugo, das MUG*, sind Frau Kümmelsafts Assistenten. Auf ihren Visitenkarten steht: Kümmelsaft & Co. – Gespenstervertreibung aller Art.

An einem Herbsttag erhielt Hedwig Kümmelsaft einen Brief von Alwin Wichtigmann. Er war Direktor eines vornehmen Strandhotels, in dem es ein paar kleine Spukerscheinungen gab. Direktor Wichtigmann bat deshalb Kümmelsaft & Co. um Hilfe.

* **M**ittelmäßig **U**nheimliches **G**espenst

„Ach, schon wieder so ein langweiliger Auftrag!“, seufzte Frau Kümmelsaft. „Aber Strandhotel klingt nicht schlecht. Ein Wochenende am Meer ist immer eine nette Sache.“ In diesem Fall sollte sich das leider als großer Irrtum herausstellen.

Hedwig Kümmelsaft benachrichtigte ihre Assistenten Tom Tomsky und Hugo MUG. Mit ihrer Grundausrüstung für die Gespensterjagd traf sie sich mit den beiden im Zug nach Hummerstrand. Frau Kümmelsaft hatte wegen Hugo ein ganzes Abteil reserviert. Schließlich verträgt nicht jeder Reisende den Anblick eines MUGs. Im Abteil zog Tom erst mal alle Vorhänge zu, weil MUGs helles Tageslicht außerordentlich schlecht vertragen.

„Kannst rauskommen, Hugo“, sagte Tom und ließ seinen Rucksack auf den Sitz plumpsen. „Höhööh! Ötwos vorsüchtügör, bittö!“, schimpfte Hugo und schwabbelte aus dem Rucksack hervor. „Pfüi Toiföl“, stöhnte er. „Üch hosse Roisön.“ „Mein lieber Hugo“, sagte Hedwig Kümmelsaft. „Du hättest keinesfalls mitkommen müssen.

Diesmal ist deine Hilfe bestimmt nicht erforderlich."

Hugo verschwand oben im Gepäcknetz.

„Das hab ich ihm auch gesagt", seufzte Tom.

„Aber er wollte unbedingt mit."

„Typisch", sagte Hedwig Kümmelsaft.

„Alle MUGs sind unerträglich neugierig!"

Neugierig beugte sich Hugo vom Gepäcknetz runter. „Nimm deine Schimmelfüße von meinem Kopf runter", brummte Tom. Das MUG kitzelte ihn mit seinen Eisfingern im Nacken.

Da ging die Abteiltür auf. Der Schaffner steckte seinen Kopf durch den zugezogenen Vorhang.

„Die Fahrkarten bitte!"

Hugo war hinter dem Koffer verschwunden.

Mit einem freundlichen Lächeln reichte Frau Kümmelsaft dem Schaffner ihre Fahrscheine. Der Schaffner wollte das Abteil gerade wieder verlassen, als etwas nach seiner Mütze griff. Erschrocken guckte er nach oben. Seine Mütze schwebte über seinem Kopf und darüber ein Gespenst mit giftgrünen Augen.

Der Schaffner stand schlotternd da und klapperte so laut mit den Zähnen, dass es im Nachbarabteil zu hören war. „Ist irgendetwas mit den Karten nicht in Ordnung, Herr Schaffner?“, fragte Hedwig Kümmelsaft. Der Schaffner strich sich über die Stirn und murmelte: „Nächster Halt Hummerstrand!“ Dann stolperte er aus dem Abteil.

„Oh, dieses alberne MUG!“, schimpfte Frau Kümmelsaft. „Wahrscheinlich werden wir mit Hugo mehr Schwierigkeiten haben als mit Herrn Wichtigmanns Feuergeist!“ Das war wieder ein gewaltiger Irrtum. Aber woher sollte Frau Kümmelsaft wissen, dass Direktor Wichtigmann ihr einiges verschwiegen hatte und dass sie Hugos Hilfe noch bitter brauchen würden?

Fortsetzung folgt

1. Wer sind die drei erfolgreichsten Gespensterjäger unserer Tage? Kreuze die richtigen Namen an.

- [ ] Hannah Knickbein
- [x] Tom Tomsky
- [ ] Helga, das GAG
- [x] Hedwig Kümmelsaft
- [ ] Tim Timotei
- [x] Hugo, das MUG

2. Was bedeutet die Abkürzung MUG? Schreibe auf die Linien.
Tipp: Lies auf Seite 3 nach.

Mittelmäßiges

Unheimliches

Gespenst

3. Was steht auf der Visitenkarte der Gespensterjäger? Male die richtige Visitenkarte aus.

4. In welcher Jahreszeit erhält Hedwig Kümmelsaft einen Brief von Direktor Wichtigmann?
Kreise das passende Bild ein und ergänze den Satz.

Frau Kümmelsaft erhält den Brief

im Herbst Herbst.

3x

5. Das Hotel von Direktor Wichtigmann liegt an einem Strand.
Was findest du am Strand? Male in das Bild.

6. Die Gespensterjäger steigen in den Zug, der sie zum Hummerstrand fährt. Frau Kümmelsaft hat ein ganzes Abteil reserviert. Was bedeutet das? Berate dich mit einem anderen Kind und kreuze an.

- [ ] Sie hat das Zugabteil gekauft.
- [ ] Sie hat vor der Fahrt alle Sitzplätze von dem Zugabteil bestellt.

7. Wo macht es sich Hugo im Abteil gemütlich? Male ihn im Abteil an seinem Platz.

Kapitel 2

Das Hotel Strandperle stand direkt am Meer. „Mann, ist das ein Riesenkasten!“, sagte Tom, als sie die Stufen hinaufgingen. „Üch wüll dos ouch söhön“, brummte Hugo aus dem Rucksack. „Du bleibst vorerst da drin“, zischte Frau Kümmelsaft.

Sie gingen durch die elegante Eingangshalle auf die Rezeption zu. Vor einem großen Kamin saßen ein paar Gäste. Hinter der Rezeption stand ein kleiner, dicker Mann. „Guten Morgen“, sagte Hedwig Kümmelsaft. „Melden Sie uns doch bitte bei Direktor Wichtigmann, ja?“

„Eindeutig spukgeschädigt!“, dachte Tom. So was erkannte er inzwischen sofort – käsige Haut, zitternde Ohrläppchen, zerkaute Unterlippe und, ganz typisch für Feuergeisterspuk, ein leichter Kokelgeruch an Haar und Kleidung. „Ei-einen Moment bitte!“, stotterte der Empfangschef.

Die Gespensterjäger nutzten die Zeit, um sich unauffällig in der Halle umzusehen. „Bis auf die Anzeichen beim Personal keine Spuren“, raunte Hedwig Kümmelsaft. „Nicht mal Asche“, flüsterte Tom zurück. „Und von den Steckdosen ist auch keine schwarz!“ Da kam auch schon der Empfangschef mit dem Direktor zurück.

Der Direktor führte sie in ein Büro mit einem riesigen Schreibtisch, auf dem vier Telefone standen und ein kleines Aquarium mit winzigen Fischen. „Kümmelsaft“, stellt sich Hedwig Kümmelsaft vor. „Das hier zu meiner Rechten“, fuhr Frau Kümmelsaft fort, „ist mein Assistent Tom Tomsky. Meinen zweiten Assistenten stelle ich Ihnen vor, wenn die Vorhänge geschlossen sind.“

Der Herr Direktor sprang auf und zog die Vorhänge zu. Frau Kümmelsaft sagte: „Hugo, du kannst herauskommen. Aber pass auf, dass du nicht alles vollschleimst, ja?“ „No, öhöndlich!“, stöhnte das MUG und schwabbelte aus Toms Rucksack. Mit einem spitzen Entsetzensschrei verschwand Direktor Wichtigmann unter seinem Schreibtisch.

Hugo schwoll vor Stolz auf die doppelte Größe an. „Das ist mein zweiter Assistent, Hugo MUG!“, stellte Frau Kümmelsaft Hugo vor. Zögernd kroch der Direktor wieder unter dem Schreibtisch hervor. Hugo reichte Herrn Wichtigmann seine weiße Hand.

„Herr, ähm, Hugo ähnelt unserem Gespenst nicht“, begann der Direktor. „Der Empfangschef berichtete von etwas Durchsichtigem, das klein und rötlich ist. Und nach Schwefel stinkt. Dann begann die Sache mit dem heißen Wasser und Dampf aus der Ventilation*. Überall hing dieser leichte Brandgeruch.“

Hedwig Kümmelsaft nickte. „Sind diese Erscheinungen an irgendeinem Punkt besonders schlimm?“ Der Direktor räusperte sich. „Im vierten Stock.“ „Und die Gäste?“, fragte Tom. Der Herr Direktor zuckte mit den Schultern. „Die sind nicht zum Frühstück erschienen.“

Frau Kümmelsaft haute auf den Schreibtisch. „Durch Ihre fehlerhaften Informationen sind wir nicht optimal ausgerüstet!“ Dann sah sie Tom an. „Einen ersten Erkundungsgang können wir trotzdem riskieren, oder?“ „Klar!“, sagte Tom, obwohl ihm etwas unbehaglich war.

Fortsetzung folgt

* die Belüftung

1. **Wie heißt das Hotel von Direktor Wichtigmann? Verbinde die zwei richtigen Nomen (Namenwörter) und schreibe das zusammengesetzte Nomen in die Kästchen.**

2. **Im Hotel melden sich die drei Geisterjäger an. Dafür gibt es im Hotel einen Empfang. Wie nennt man den Empfang noch? Schreibe das richtige Wort in das Schild.**

Regatta / Rezeption / Rezept

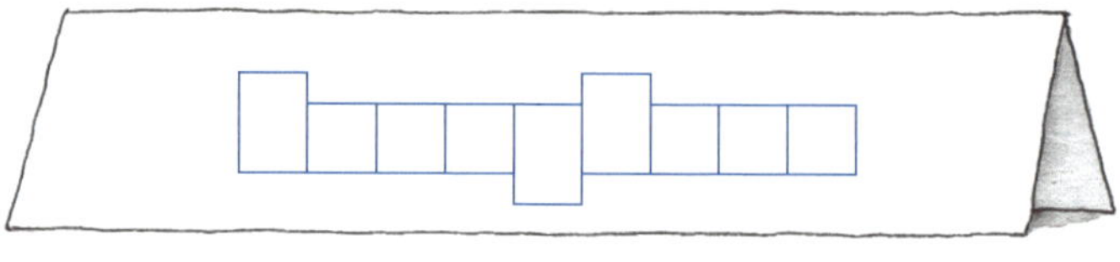

3. **Ein kleiner, dicker Mann steht an der Rezeption, um die Gäste zu empfangen. Woran erkennt Tom, dass der Mann spukgeschädigt ist?**
Schreibe die richtigen Nomen (Namenwörter) auf.
Tipp: Lies dazu auf Seite 11 nach.

leichter Kokelgeruch an Haar und

an ____________________

zitternde ____________________

zerkaute ____________________

käsige ____________________

4. **Der Empfangschef hat von den Spukerscheinungen im Hotel berichtet.**
Wie sind sie? Kreuze die richtigen Antworten an.
Tipp: Lies dazu auf Seite 13 nach.

- ❑ durchsichtig
- ❑ riesig
- ❑ duften nach Rosen
- ❑ stinken nach Schwefel
- ❑ schneeweiß
- ❑ rötlich
- ❑ heulen schaurig
- ❑ klein

Kapitel 3

Alle drei Gespensterjäger hatten einen Feuerwehrhelm auf dem Kopf und Fliegerbrillen auf der Nase. Hedwig Kümmelsaft und Tom trugen Spezialanzüge aus Hitze abweisender Folie. Sie hatten Anzüge, Gesicht und Hände mit einer Spezialpaste aus Sonnencreme Faktor 23 und gezuckertem Olivenöl eingeschmiert.

Frau Kümmelsaft hatte außerdem ein Backblech auf dem Rücken. Im Gürtel trug sie einen Tischstaubsauger, einen Beutel Würfelzucker, Backhandschuhe und ein Gerät, das wie ein riesengroßer Föhn aussah.

Tom trug seinen Rucksack mit Zuckergussersatz und anderen nützlichen Dingen. In der rechten Hand hielt er eine Backspritze mit rot gefärbtem Zuckerguss. Hugo schließlich, der wie alle MUGs Wärme verabscheute, steckte in einem Sack aus Hitze abweisender Folie.

Direktor Wichtigmann führte die Gespensterjäger einen langen Flur entlang. Schon öffnete er die Tür zur riesigen Hotelküche. Beim Anblick der Gespensterjäger ließen die Köche einiges in die Töpfe fallen, was dort ganz und gar nicht hineingehörte.

Als Hugos weiße Hand auch noch aus Toms Rucksack winkte, fielen zwei Oberköche, erkennbar an ihren großen Mützen, seufzend in Ohnmacht. „Keine Aufregung, meine Herren!“, rief Direktor Wichtigmann. „Das sind nur die Gespensterjäger!“

Genau in dem Moment passierte es. Mit einem scharfen Knall sprang eine Backofentür auf.

Heraus flog mit furchtbarem Kreischen ein knallrotes, widerlich stinkendes Etwas. Die Kleider und Mützen von fünf Köchen zerfielen auf der Stelle zu Asche. Die Ärmsten standen in der Unterwäsche da.

Wie ein Feuerwerkskörper zischte der flackernde Geist über ihre Köpfe hinweg. „Kein Wasser!“, schrie Frau Kümmelsaft. Aber da war es schon zu spät. Ein Koch kippte dem Geist einen ganzen Eimer Wasser entgegen. Zischend verdampfte es auf dem wabbelnden roten Körper. Der Feuergeist loderte bis unter die Decke.

„Na warte!“, rief Tom und spritzte dem Geist so viel Zuckerguss auf die Brust, dass er aussah wie eine Hochzeitstorte. Verzweifelt versuchte der verklebte Feuergeist davonzuflattern, aber der Zuckerguss machte ihn schwer und unbeweglich. Tom steckte blitzschnell seine Hand in einen Backhandschuh, schnappte den Geist und stopfte ihn in eine Thermoskanne*.

„Tja, das wär’s wohl“, sagte Frau Kümmelsaft. „Glaub ich nicht!“, flüsterte Tom und zeigte auf eine Steckdose. Kleine Blitze züngelten aus den Löchern. „Was bedeutet das?“, fragte der Herr Direktor. „Dass wir wohl doch noch in den vierten Stock müssen!“, antwortete Tom.

Fortsetzung folgt

* ein Gefäß zum Warm- oder Kühlhalten von Getränken

1. Die Geisterjäger tragen Spezialanzüge. Außerdem haben sie sich mit einer Spezialpaste eingecremt. Woraus besteht diese Paste? Lies auf Seite 16 nach und kreise die richtigen Zutaten ein. Ergänze auch den Satz.

In der Spezialpaste sind ______________________________

____

2. In der Hotelküche arbeiten viele Köche. Woran erkennt man die zwei Oberköche? Kreuze an und male ein passendes Bild daneben. Tipp: Lies dazu auf Seite 17 nach.

- ❑ an den langen Kochlöffeln
- ❑ an den großen Kochmützen
- ❑ an den bunten Kochschürzen

3. **In der Hotelküche erscheint plötzlich ein knallroter, stinkender Feuergeist. Woher kommt er auf einmal? Male das richtige Bild farbig aus.**

4. **Tom fängt den Feuergeist. Was passiert dabei genau? Setze die Silben richtig zusammen und schreibe das Wort auf die Linien.**

a) **Womit macht Tom den Feuergeist bewegungsunfähig?**

mit ______________________________

b) **Wie sieht der Feuergeist danach aus?**

wie eine ______________________________

Kapitel 4

„Ich schlage vor, wir fahren nur bis zum dritten Stock!“, sagte Frau Kümmelsaft, als sie endlich im Aufzug standen. „Und dann pirschen wir uns über die Treppe an. Einverstanden?“ Tom nickte und drückte auf den Knopf. Mit einem Ruck setzte sich der Aufzug in Bewegung. Hugo schwappte gegen die Wand. „Hülfö!“, jammerte er. „Hülfö! Wos göht hür vor?“ Tom kicherte. „Das ist ein Aufzug, du Dummkopf!“

„Scht! Seid mal still!“ Hedwig Kümmelsaft guckte besorgt auf ihre Füße. „Merkt ihr was?“

Tom sah nach unten. Unter seinen Schuhsohlen wurde es warm. Zum Glück hatte er, genau wie Frau Kümmelsaft, dreizehnfach gefaltete Alufolie in den Schuhen und spezialbeschichtete Sohlen. Der Boden des Aufzugs wurde glühend rot und warf Blasen. Der Aufzug fuhr immer schneller.

Ein feuriger Finger bohrte sich direkt vor Toms Füße durch den glühend heißen Boden. Es kam noch ein Finger und noch einer, bis eine ganze Hand aus dem Boden ragte. Schnapp! – griff sie nach Toms Beinen.

Hugo hing unter der Decke und heulte wie ein Hund. Frau Kümmelsaft aber bewarf die Feuerhand mit Würfelzucker. Wie erschrockene Würmer zuckten die Finger zurück und verschwanden zischend im Fußboden. Der Aufzug raste weiter, bremste scharf, stürzte pfeifend in die Tiefe und ratterte wieder nach oben.

Verzweifelt versuchten die Gespensterjäger sich auf den Beinen zu halten. Ganz plötzlich, mit einem furchtbaren Ruck hielt der Aufzug an. Ächzend hing er an den Seilen. „Was ist denn nun los?“, flüsterte Tom.

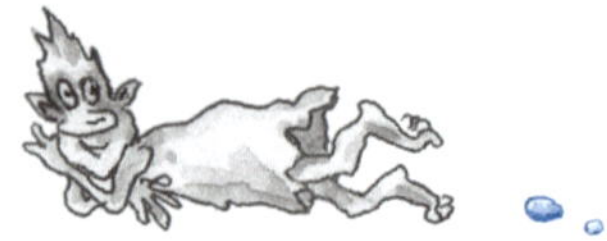

Da öffnete sich zischend die Tür. Ein wahrhaft widerlicher, feuerroter Kopf mit Augen wie Glühbirnen grinste zu ihnen herein. Er öffnete sein Riesenmaul und gelbe Geisterflammen leckten an Toms Beinen. Mit zitternden Fingern spritzte Tom den Rest seines Zuckergusses mitten in das Feuermaul. Das schmeckte dem Scheusal offenbar nicht.

Es bekam einen fürchterlichen Schluckauf, der den Aufzug schüttelte wie eine Kinderrassel. Frau Kümmelsaft riss sich das Backblech vom Rücken und donnerte es dem grausigen Gespenst auf den Kopf. Mit einem Rülpser löste sich der Kopf in Luft auf. „Oh, pfui, dos wor obör böstümmt koin normolör Foiörgoist!“, schimpfte Hugo.

„Nein, in der Tat nicht!“, sagte Frau Kümmelsaft und schnallte sich das Backblech wieder auf den Rücken. Sie sah sehr ärgerlich aus. „Dieser Wichtigmann hat gründlich untertrieben. Wie sieht es aus, Tom? Sollen wir hoch- oder runterfahren?“ „Hoch“, sagte er. Tom drückte noch mal auf „Dritter Stock“. Mit einem Ruck setzte sich der Aufzug wieder in Bewegung und schwebte knarrend nach oben.

„Mein lieber Tom“, sagte Hedwig Kümmelsaft.
„Du bist wirklich ein bemerkenswert mutiger junger Mann.“
„Ach was!“, murmelte Tom und rückte verlegen seine Brille zurecht.
Dann hielt der Aufzug an.
Aber nicht im dritten Stock, sondern im vierten.

Mit einem leisen Quietschen glitt die Aufzugtür auf.
Violette Rauchschwaden waberten herein.
Tom musste husten.
„Klammern auf!“, sagte Frau Kümmelsaft.
„Büttö!“ Hugo reichte zwei Nasenklammern aus dem Rucksack und streckte schnuppernd die Nase raus. „Üch woiß gor nücht, wos ühr hobt. Rücht doch köstlüch, obsolut köstlüch!“

Fortsetzung folgt

**1. Die Geisterjäger fahren mit dem Hotelaufzug.
Was passiert nacheinander?
Nummeriere die Sätze in der richtigen Reihenfolge.
Tipp: Lies dazu auf Seite 23 nach.**

☐ Der Aufzug fuhr immer schneller.

☐ Schnapp! – griff sie nach Toms Beinen.

[1] Der Boden des Aufzugs wurde glühend rot und warf Blasen.

☐ Es kam noch ein Finger und noch einer, bis eine ganze Hand aus dem Boden ragte.

☐ Ein feuriger Finger bohrte sich direkt vor Toms Füße durch den glühend heißen Boden.

**2. Was macht Hugo, als die Feuerhand die Geisterjäger im Aufzug überrascht?
Streiche den falschen Satz durch.**

Hugo pustet kräftig gegen die Feuerhand an.
Hugo hängt unter der Decke und heult wie ein Hund.

3. Womit bekämpft Hedwig Kümmelsaft die Feuerhand? Schreibe auf die Linie.

____

4. Plötzlich stehen die Geisterjäger einem furchterregenden Geist gegenüber. Unterstreiche in diesem Text alle Wörter, die den Geist beschreiben.

Ein wahrhaft widerlicher, feuerroter Kopf
mit Augen wie Glühbirnen grinste zu ihnen herein.
Er öffnete sein Riesenmaul und
gelbe Geisterflammen leckten an Toms Beinen.

5. Tom spritzt Zuckerguss in das Feuermaul des Geistes. Was bekommt der Geist davon? Kreuze an.

☐ Pickel ☐ Schluckauf ☐ Husten

6. Womit donnert Frau Kümmelsaft dem Feuergeist auf den Kopf? Notiere.

Wozu braucht man den Gegenstand sonst? Erkläre.

Kapitel 5

Vorsichtig streckte Tom den Kopf aus der Tür. Seine Augen brannten und tränten von dem violetten Rauch. Was er trotzdem erkennen konnte, war ziemlich beunruhigend.

5

Der Aufzug lag am Ende eines langen Flurs mit unzähligen Zimmertüren. Den cremefarbenen Teppich verunstaltete eine Spur eingebrannter Fußstapfen, deren Größe beängstigend war. Aber was noch beängstigender war – aus Wänden und Türen leckten riesige Flammen.

„Mein lieber Tom, ich ahne Böses“, murmelte Hedwig Kümmelsaft. „Ein Feuergeist dritter Kategorie*?“, flüsterte Tom. „Mindestens!“, flüsterte Frau Kümmelsaft zurück. „Ich befürchte allerdings etwas ganz anderes. Das sieht verdächtig nach einem – nein! Daran wollen wir nicht mal denken!“ Beunruhigt sah Tom sie an.

Hedwig Kümmelsaft ließ ihm aber keine Zeit, über ihre Worte nachzudenken. „Komm!“, rief sie. „Das ist nichts als Geisterfeuer. Kein Problem für unsere Spezialpaste!“ Mit bebenden Fingern rückte Tom seine Brille zurecht und folgte ihr. Tom sah sich um. Alle Zimmertüren waren verschlossen, die Klinken gebogen und heiß. Tom spürte, wie Hugo im Rucksack tobte.

---

* Das ist ein besonders gefährlicher Feuergeist.

Schließlich lugte Hugo über Toms Schulter. „Soubörö Orböit!“, stellte er fest. „Hugo!“, zischte Frau Kümmelsaft. „Los, mach dich nützlich. Schweb durch die Zimmertüren und sieh nach, ob du irgendwelche Gäste auftreibst!“

In jedes Zimmer schwebte Hugo und überall war es das Gleiche. Alle Gäste waren spurlos verschwunden. Hedwig Kümmelsafts Miene wurde immer finsterer. „Das bestätigt meine schlimmsten Befürchtungen“, murmelte sie. „Kommt, wir verschwinden. Aber diesmal nehmen wir die Treppe!“ Sie liefen den brennenden Flur entlang.

„Hedwig“, flüsterte Tom, „ich hab so ein komisches Gefühl.“ Frau Kümmelsaft blieb stehen und lauschte. Plötzlich brach hinter ihnen die Hölle los. Funken, Blitze und Feuerbälle schossen aus den Wänden und der Decke. „Rennt!“, schrie Hedwig Kümmelsaft.

Die Treppe war noch fünf Zimmertüren entfernt. Hedwig Kümmelsaft zog das komische Ding aus dem Gürtel, das wie ein Föhn aussah.

Sie schaltete das Gerät an. Es pustete dem, was da aus den Flammen auf sie zukam, kalte Luft entgegen. Flackernd blieb es stehen.

Hugo und Tom stolperten die ersten Treppenstufen hinunter. Frau Kümmelsaft stand immer noch oben. Besorgt drehte Tom sich nach ihr um. Da sah er das Ding erst richtig. Es war ein riesiger Geist, der aussah wie lebendiges Feuer.

Die eisige Luft aus Frau Kümmelsafts Föhn hinderte ihn am Näherkommen. Er öffnete seinen bodenlosen Rachen. Ein heißer Hauch fegte brausend auf Frau Kümmelsaft zu und blies sie und ihre zwei Assistenten die Treppe hinunter. Erst einen Stock tiefer kamen sie wieder auf die Beine, und da lachte das feurige Ungeheuer über ihnen.

Fortsetzung folgt

1. Wovon brennen Toms Augen, als er im vierten Stock aus dem Aufzug schaut? Lies auf Seite 28 nach und ergänze den Satz.

Toms Augen brennen

von dem ______________________________ .

2. Male die Rauchwolke in der richtigen Farbe aus. Mit Wasserfarben wird es besonders schön. Du kannst die Farbe auch selbst mischen.

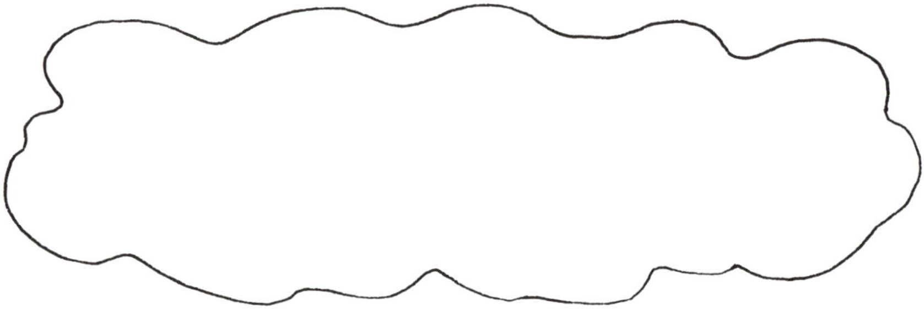

3. Was entdecken die Geisterjäger im vierten Stock? Ergänze die Sätze.

Den cremefarbenen Teppich verunstaltete eine Spur

______________________________ Fußstapfen.
schmutziger / eingebrannter

Und aus Wänden und Türen leckten

riesige ______________________________ .
Zungen / Flammen

4. Die Geisterjäger wollen der Gefahr entkommen. Welchen Fluchtweg wählen sie? Kreise ein und schreibe auf die Linie.

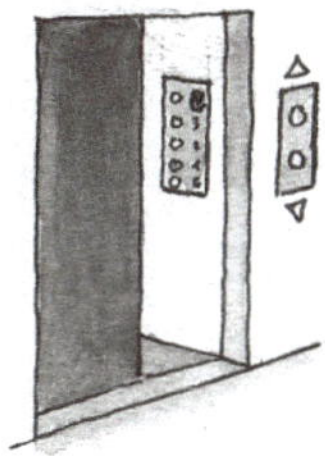

5. Ein riesiger Geist, der wie ein lebendiges Feuer aussieht, hindert die Gespensterjäger an der Flucht. Wie stellst du dir den Geist vor? Male ihn auf ein extra Blatt. Du kannst ihn auch aus Wolle oder buntem Papier aufkleben.

6. Frau Kümmelsaft kann den Feuergeist zuerst am Näherkommen hindern. Doch das lässt er sich nicht gefallen. In jedem Satz ist ein Wort falsch, streiche es durch.

Frau Kümmelsaft bläst dem Feuergeist **eisige heiße** Luft aus ihrem Föhn entgegen. Der Feuergeist **stößt bläst** Frau Kümmelsaft und ihre Assistenten die Treppe hinunter.

Kapitel 6

Hedwig Kümmelsaft marschierte mit wehenden weißen Locken und rußverschmiertem Gesicht durch die Hotelhalle. Tom und Hugo kamen kaum hinterher. Die Gäste, die auf weichen Sofas vor dem Kamin saßen und Zeitung lasen, schütteten sich beim Anblick der Gespensterjäger vor Schreck den Kaffee auf den Schoß. Vor allem Hugos weiße Gestalt rief spitze Schreie und einige Ohnmachtsanfälle hervor.

Hedwig Kümmelsaft kochte vor Wut, sie schäumte, sie platzte fast. Sie stürmte mit Tom und Hugo im Schlepptau in Herrn Direktor Wichtigmanns Büro. Der stand gerade hinter seinem Schreibtisch und fütterte die Fische.

„Was, äh, was ist denn?“, fragte er verdutzt. „Mitkommen!“, sagte Frau Kümmelsaft und zog ihn an der Krawatte zur Tür. „Aber sehr verehrte Frau Kümmelsaft!“, protestierte der Direktor. Sie zog den vor Verlegenheit krebsroten Direktor durch den Esssalon, hinaus auf die große Veranda und dann die Stufen hinunter zum Strand. Erst da, im weichen Sand, blieb sie stehen und ließ seine Krawatte los.

„Sie werden mir endlich alles erzählen, was hier in den letzten Tagen vorgefallen ist!“ Tom zog auch seine Schuhe aus. Seine Fußsohlen waren noch ganz heiß und der kühle Sand tat gut. „Über das Gewitter zum Beispiel!“, rief Frau Kümmelsaft. Erstaunt horchte Tom auf. Direktor Wichtigmann wurde bleich wie Hugos Gespensterbrust.

Dann sagte er: „Es muss sich ja nicht herumsprechen, dass wir hier so, ähm, so starke Gewitter haben. Auf Gäste wirkt so ein Gewitter äußerst abschreckend.“ „All Ihre schönen Telefone waren plötzlich tot“, sagte Hedwig Kümmelsaft. „Nicht wahr?“ Erstaunt sah der Direktor sie an. „Woher wissen Sie denn das nun wieder?“, fragte er.

„Es stimmt also! Das ist ja eine Katastrophe!“ Frau Kümmelsaft raufte sich die weißen Locken. „Da bekommen wir es mit einem der fünf gefährlichsten Gespenster dieser Erde zu tun und was haben wir als Ausrüstung dabei? Kinderkram, nichts als Kinderkram!“ Entsetzt sah Direktor Wichtigmann sie an.

Tom schluckte. Ihm war plötzlich übel. „Was für eins ist es denn?“, fragte er. Frau Kümmelsaft erhob sich mit einem tiefen Seufzer aus dem Strandkorb. „Es ist ein GRUBLIGEI. Ganz ohne Zweifel!“ „Ein GRUBLIGEI!“, flüsterte Tom. „Oh nein!“ Die Chance, eine Begegnung mit diesem Gespenst zu überleben, war gleich null.

Fortsetzung folgt

1. Die Gespensterjäger gehen durch die Hotelhalle. Sind diese Sätze richtig oder falsch? Kreuze an.

	richtig	falsch
Die Gäste sitzen auf weichen Sofas.	☐	☐
Sie spielen Karten.	☐	☐
Die Gäste schütten sich vor Schreck Kaffee auf den Schoß.	☐	☐
Die Gäste gähnen vor Langeweile.	☐	☐
Ein Gast bohrt in der Nase.	☐	☐
Einige Gäste fallen in Ohnmacht.	☐	☐

2. Hedwig Kümmelsaft kocht vor Wut, sie schäumt, sie platzt fast.

a) Jeder ist mal wütend. Wann bist du wütend? Erzähle es einem anderen Kind.

b) Was machst du, um nicht mehr wütend zu sein? Besprich dich mit einem anderen Kind. Schreibe einen Tipp auf.

3. Hedwig Kümmelsaft zieht Direktor Wichtigmann an seiner Krawatte zum Strand. Das sieht aus, als wäre er an einer Leine. Was führt man normalerweise an einer Leine? Male das Bild weiter.

4. Direktor Wichtigmann erzählt, dass es starke Gewitter gab. Was passiert während eines Gewitters? Berate dich mit einem Kind. Streiche die falschen Sätze durch.

Bei Gewitter leuchten sehr helle Blitze am Himmel.
Während eines Gewitters ist der Himmel die ganze Zeit hell.
Bei einem Gewitter fällt starker Regen.
Es ist ganz ruhig bei einem Gewitter.
Es donnert laut.
Es kann ein Blitz einschlagen.

5. Frau Kümmelsaft sagt zum Direktor: „All Ihre schönen Telefone waren plötzlich tot.“ Was bedeutet der Satz? Besprich dich mit einem anderen Kind und unterstreiche die richtige Erklärung.

Die Telefone fielen auf einmal alle um.
Die Telefone funktionierten nicht mehr.
Die Telefone klingelten nur noch ganz leise.

6. Die drei Geisterjäger bekommen es im Hotel mit einem gefährlichen Gespenst zu tun.

a) Wie heißt es? Finde den Namen im Buchstabengitter und male die Kästchen farbig aus.

U	R	G	R	O	D	K	L	I	B	P	U	Ö	H	T	Q	Y
X	U	B	L	P	G	U	I	W	Q	Ä	C	Y	O	T	W	A
F	D	O	T	G	G	R	U	B	L	I	G	E	I	X	T	A
F	H	D	U	F	R	G	R	G	G	G	R	U	S	L	I	D

b) Was hast du über das Gespenst erfahren? Ergänze den Satz.

Es gehört zu

den ____________ gefährlichsten Gespenstern der Welt.
5 / 10 / 120

Kapitel 7

„GRUBLIGEI bedeutet GRauenhaft Unbesiegbarer BLItzGEIst“, erklärte Tom, während er mit Direktor Wichtigmann die Stufen zur Hotelveranda hinaufstieg. „Er dringt meist durch die Telefonleitung in ein Gebäude ein. Ist er einmal drin, kriegt man ihn nur schwer wieder heraus, ohne dass das ganze Gebäude dabei in Stücke fliegt!“

Der Direktor rupfte sich vor Schreck fast sein Bärtchen aus.

„Ein GRUBLIGEI kann Menschen einäschern oder verschrumpeln lassen“, fuhr Tom fort. „Am liebsten verwandelt er sie in kleine Feuergeister.“ „Das hat er vermutlich mit Ihren Gästen im vierten Stock gemacht“, sagte Frau Kümmelsaft über die Schulter. „Wie viele waren es?“ „Sieben“, hauchte der Direktor mit schwacher Stimme.

Hedwig Kümmelsaft schüttelte den Kopf. „Einen haben wir gefangen, bleiben also sechs. Wo ist die Thermoskanne im Moment?“ „Auf meinem Schreibtisch“, murmelte der Direktor.

Die Thermoskanne stand neben dem Aquarium. Hedwig Kümmelsaft fischte den gefangenen Geist heraus. „In der Kanne ist Trockeneis“, erklärte Frau Kümmelsaft. „Das kühlt einen Feuergeist ab. Können Sie in diesem Geist einen der verschwundenen Gäste erkennen?“

„Aber natürlich!“, rief der Direktor. „Das ist Frau Elfie Rothermund. Seit Jahren besucht sie unser Haus, immer im Oktober. Unglaublich!“ Frau Kümmelsaft stopfte die nun feurige Frau Rothermund zurück in die Thermoskanne.

„Tom, schick Herrn Lieblich ein Fax und bitte ihn, alle Informationen über GRUBLIGEIs umgehend hierher zu faxen. Ich weiß gefährlich wenig über diese Scheusale!“, sagte Frau Kümmelsaft.

Herr Lieblich war ein sehr guter Freund und zuverlässiger Helfer von Kümmelsaft & Co., seit die Gespensterjäger ihn von einem scheußlichen UEG* befreit hatten. Hastig schrieb Tom ihm eine Nachricht.

Frau Kümmelsaft saß auf der Schreibtischkante und wippte ungeduldig mit dem Fuß. „Herr Direktor, unterrichten Sie bitte sofort Ihre Gäste und Angestellten von der gefährlichen Lage.“ „Ja, sind Sie denn verrückt geworden?“, rief er. „Nur über meine Leiche! Das wäre mein Ruin!“ Frau Kümmelsaft zuckte die Schultern. „Wie Sie wollen. Dann wird Hugo es tun!“

„Müt Vörgnügön“, flötete Hugo und schwebte voller Vorfreude auf die Bürotür zu. „Halt!“, rief der Direktor. „Halt, ich tu es. Das ist gemeine Erpressung, aber ich mache, was Sie wollen!“

Fortsetzung folgt

* **U**nglaublich **E**kelhaftes **G**espenst

1. Was bedeutet GRUBLIGEI? Ergänze.
Tipp: Du kannst es auf Seite 40 nachlesen.

Gr ____________________ U ____________________

Bl ____________________

2. Der GRUBLIGEI hat sieben Gäste in Feuergeister verwandelt. Finde die Feuergeister im Bild. Male sie feuerrot aus.

**3. Ein Feuergeist ist gefangen.
Welcher Gast war dieser Feuergeist vorher?
Male einen Mund um den richtigen Namen.
Tipp: Lies dazu auf Seite 41 nach.**

Frau Blauermund

Frau Rothermund

Frau Rotermund

4. Hier erfährst du mehr über Trockeneis.

Trockeneis wird als Kühlmittel benutzt. Es sieht so ähnlich wie Wassereis aus, ist aber viel, viel kälter. Deshalb darf man es nur mit Schutzhandschuhen anfassen.

**5. Herr Lieblich, ein guter Freund und Helfer
der Geisterjäger, bekommt einen Auftrag.
Welchen Auftrag muss er ausführen? Kreuze an.**

- ❑ neuen Zuckerguss herstellen
- ❑ Trockeneis für die Thermoskannen einkaufen
- ❑ Informationen über GRUBLIGEIs an die Gespensterjäger faxen

6. Tom schreibt eine Nachricht für Herrn Lieblich. Was könnte er geschrieben haben? Formuliere die Nachricht.

Lieber Herr ______________________________,

bitte ______________________________

____

____

Viele Grüße, Tom

7. Du hast jetzt schon viele Gespenster kennen gelernt. Mache dein eigenes Gespenster-Lexikon. Schreibe immer links die Abkürzung und die Seitenzahl auf. Schreibe auf ein extra Blatt. Denke dir weitere Gespenster aus.

MUG, Seite 3: Mittelmäßig …
Feuergeist dritter Kategorie, Seite …
GRUBLIGEI …
UEG …
…

Kapitel 8

Dreiundachtzig Personen versammelten sich schließlich im Salon der Strandperle. Herr Direktor Wichtigmann teilte ihnen mit, dass ein paar Stockwerke über ihren Köpfen ein riesiger Feuergeist durch die Zimmer tobte.

Tom zählte achtzehn Ohnmachtsanfälle, einundvierzig fluchtartige Abgänge, gefolgt von sofortigem Kofferpacken oder fristloser Kündigung, drei Tobsuchtsanfälle und sechs Schadensersatzforderungen*. Übrig blieben fünfzehn Personen.

* Wenn jemandem etwas kaputt gemacht wird, kann er verlangen, dass der Schaden ersetzt wird, z. B. durch Geld.

Während der Direktor trübsinnig seinen fliehenden Gästen nachsah, warteten Tom und Frau Kümmelsaft ungeduldig auf das Fax von Herrn Lieblich. Hugo war das viel zu langweilig, also erschreckte er ein paar Gäste und stöberte anschließend im Keller herum.

Als Herrn Lieblichs Fax endlich kam, setzten sich Tom und Frau Kümmelsaft in der Hotelhalle auf eins der Sofas vor dem Kamin. Über die erste Kopie hatte Herr Lieblich geschrieben: „Auszug aus dem Großen Gespensterlexikon, Band dreiundzwanzig“:

DER GRUBLIGEI

(**GR**auenhaft **U**nbesiegbarer **BLI**tz**GEI**st)

Gattung der Feuergeister

Alle Gespensterfachleute sind sich darin einig, dass fünf Gespensterarten in die Kategorie der Gefahrenstufe eins gehören. Der GRUBLIGEI ist eine dieser fünf. Der GRUBLIGEI hat die Fähigkeit, Material wie Stein, Metall oder Glas zum Schmelzen zu bringen.

Tiere und Menschen kann der GRUBLIGEI einäschern, einschrumpfen lassen oder er verwandelt sie in eine ihm ähnliche Substanz, nämlich einen Feuergeist erster oder zweiter Kategorie. Meist scheint er sich für die letztere Vorgehensweise zu entscheiden. Gebäude, die ein GRUBLIGEI befällt, hinterlässt er meist nach ein bis zwei Wochen völlig zerstört.

Schutzmaßnahmen bei GRUBLIGEI-Befall: Selbst erfahrensten Gespensterjägern können wir nur dringend abraten einen Vertreibungsversuch zu unternehmen. Sollte keine Möglichkeit zu sofortiger Flucht bestehen, so empfehlen wir die Einrichtung eines feuergeistsicheren Raumes im Keller. Ein Weinkeller ist der absolut ideale Zufluchtsort. Denn der GRUBLIGEI hat eine Alkohol-Allergie! Zwar lässt sich ein GRUBLIGEI durch klassische Feuergeist-Bekämpfungsmittel abschrecken (Zucker, Kaltluft, Tischstaubsauger), aber nur bei Kontakt mit Alkohol zeigt ein GRUBLIGEI erste Auflösungsanzeichen: Schwindel und Schrumpfungserscheinungen.

Aber nur eine ganz bestimmte Substanz lehrt dem GRUBLIGEI das Gruseln. Das ist der äußerst ekelhafte Schleim eines frostigen und recht harmlosen Gespensterverwandten, des sogenannten MUGs. Ein GRUBLIGEI kann die Schleimspur eines MUGs nicht überschreiten.

„Das“, sagte Frau Kümmelsaft, „ist ja sehr interessant!“

„Und wir haben Hugo verboten herumzuschleimen!“, rief Tom.

„Tja, sehr bedauerlich“, sagte Hedwig Kümmelsaft.

Sie lasen weiter:

Je mehr dem GRUBLIGEI durch MUG-Schleim seine Beweglichkeit genommen wird, umso sicherer kommt es zu der berüchtigten GRUBLIGEI-Pirouette*. Der GRUBLIGEI beginnt sich immer schneller zu drehen, sodass er sich in den Boden bohrt und verschwindet. Bei sehr weichem Sand schraubt er sich in die Luft und wird in den Himmel hochgeschleudert.

Fortsetzung folgt

* Bei einer Pirouette drehen sich zum Beispiel Eiskunstläufer ganz schnell um die eigene Achse.

1. Was machen die 83 Gäste, als ihnen Direktor Wichtigmann vom Feuergeist im vierten Stock berichtet? Trage die richtigen Zahlen ein. Tipp: Lies dazu auf Seite 46 nach.

- [18] Gäste bekommen einen Ohnmachtsanfall.
- [ ] Gäste verlassen fluchtartig das Hotel.
- [ ] Gäste bekommen einen Tobsuchtsanfall
- [ ] Gäste fordern Schadensersatz.
- [ ] Gäste bleiben.

2. Hugo ist es langweilig. Was tut er? Male Hugo in den richtigen Bildern aus.

3. Was tust du, wenn dir langweilig ist? Notiere.

4. Ein GRUBLIGEI hat viele Fähigkeiten. Was kann er? Schreibe auf.

~~in Asche verwandeln~~ / schrumpfen lassen / wie Stein, Glas und Metall schmelzen / in Feuergeister verwandeln

Ein GRUBLIGEI	
kann Material	kann Menschen und Tiere
–	– *in Asche verwandeln*
	–
	–

5. Durch welche Feuergeist-Bekämpfungsmittel kann man den GRUBLIGEI abschrecken? Lies auf den Seiten 48 und 49 nach und schreibe Stichworte auf die Linien.

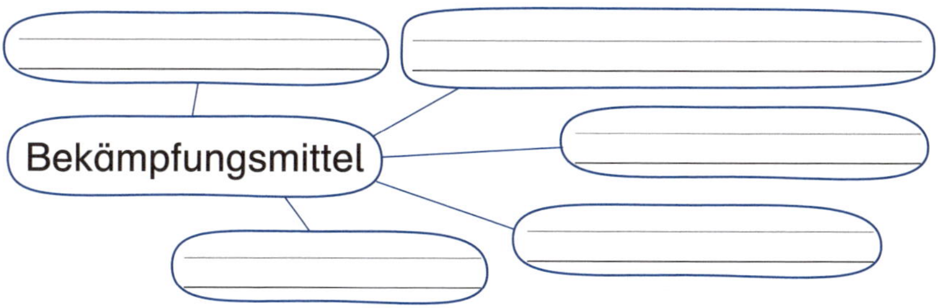

Kapitel 9

Hedwig Kümmelsaft und Tom fanden Herrn Direktor Wichtigmann an der Rezeption.

„Herr Direktor“, sagte Frau Kümmelsaft. „Sie haben doch bestimmt einen Weinkeller, oder?“

„Natürlich. Äh, wieso? Dieses Gespenst ist doch wohl nicht …“, stotterte der Direktor.

„Nein, nein“, beruhigte ihn Frau Kümmelsaft. „Im Gegenteil. Dorthin wird es sich zuallerletzt verirren. Also werden wir den Weinkeller als Flucht- und Versammlungsraum benutzen. Ich möchte, dass Sie alle Zurückgebliebenen dort unterbringen. Außerdem erteilen Sie bitte allen die ausdrückliche Erlaubnis, bei Feuergeistkontakt Sekt- und Weinflaschen* zur Verteidigung zu benutzen!“

Dann verschwanden Tom und Frau Kümmelsaft im Speisesaal. Nur zwei Tische waren besetzt. An einem saß eine rothaarige Dame namens Mutzenbacher. An dem anderen stritten sich Herr und Frau Protzkowski, die die ganze Geschichte für einen ausgemachten Schwindel hielten.

„Riechst du was?“, fragte Frau Kümmelsaft. „Riecht angekokelt!“, stellte Tom besorgt fest. „Schnell!“, rief Frau Kümmelsaft den Gästen zu. „Holen Sie sich ein paar Flaschen Sekt vom Büfett – und allen Zucker, den Sie finden können!“ Frau Mutzenbacher klatschte begeistert in die Hände und rannte zum Büfett. Die Protzkowskis rührten sich nicht vom Fleck. „Lächerlich!“, verkündete Herr Protzkowski.

* Sekt und Wein sind alkoholhaltige Getränke.

Da schossen zwischen den Tischbeinen fünf kleine Feuergeister hervor. Kreischend und zischend wie Feuerwerkskörper rasten sie auf die Gäste zu. „Sektflasche schütteln und entkorken!“, rief Hedwig Kümmelsaft. Peng! Die Korken knallten an die Decke. Der Sekt* spritzte den Feuergeistern auf die heißen Leiber.

Torkelnd flatterten die Feuergeister zur Erde. Tom schnappte sich den Zucker und bestreute die Feuergeister damit. „Wie viele hast du erwischt?“, fragte Hedwig Kümmelsaft. „Zwei!“, rief Tom. „Ich habe auch zwei!“, sagte Frau Mutzenbacher und zog mithilfe einer Serviette einen zeternden Feuergeist aus der Eiskarte.

„Macht mit meinem zusammen fünf!“, stellte Frau Kümmelsaft fest. „Frau Rothermund haben wir auch schon. Also fehlt von den Kleinen jetzt nur noch einer!“ In Rekordgeschwindigkeit zischte Tom durch die Hotelhalle, in jeder Hand einen Geist.

9

Im Büro stopfte Tom seine Gefangenen in die Thermoskannen, klemmte sich drei andere unter die Arme und rannte zurück. Er kam gerade rechtzeitig. Frau Mutzenbachers Gefangene waren schon wieder dunkelorange.

Tom und Frau Kümmelsaft brachten die Thermoskannen in Direktor Wichtigmanns Büro. Gerade kam Hugo die Treppe heruntergeschwabbelt. „Wo warst du die ganze Zeit?“, empfing Tom ihn. „Göhöt düch gor nüchts on, pööh!“, säuselte Hugo und schwebte mit in Direktor Wichtigmanns Büro. „Obör wönn ühr ös unbödüngt wüssen wollt – üm drüttön Stock süht ös jötzt zümlüch schlümm aus.“

Seufzend ließ sich Hedwig Kümmelsaft in Direktor Wichtigmanns Chefsessel fallen. „Hoffentlich haben wir noch Zeit. Vor allem du, Hugo!“ „Üch? Wüso üch?“ Hugo verfärbte sich leicht rosa. „Weil wir jede Menge MUG-Schleim brauchen“, sagte Tom und grinste, „ganze Fässer voll. Zieh die Schuhe aus und mach dich an die Arbeit!“

Fortsetzung folgt

1. Was passiert im Speisesaal?
Hier ist der Anfang einer Bildergeschichte.
Sprich mit einem anderen Kind über das,
was passiert, und ergänze dann die Satzanfänge.
Zeichne zu jedem Satz ein Bild.

Es riecht plötzlich angekokelt und Frau Kümmelsaft warnt die anderen.

Fünf Feuergeister

Frau Kümmmelsaft
bespritzt

Tom bestreut

2. **Male so viele Feuergeister rot aus, wie gefangen werden. Tipp: Lies dazu auf Seite 54 nach.**

3. **Tom fragt Hugo, wo er die ganze Zeit gewesen sei. Hugo meint, dass es Tom nichts angehe. Was sagt er genau? Lies auf Seite 55 nach und schreibe in die Sprechblase.**

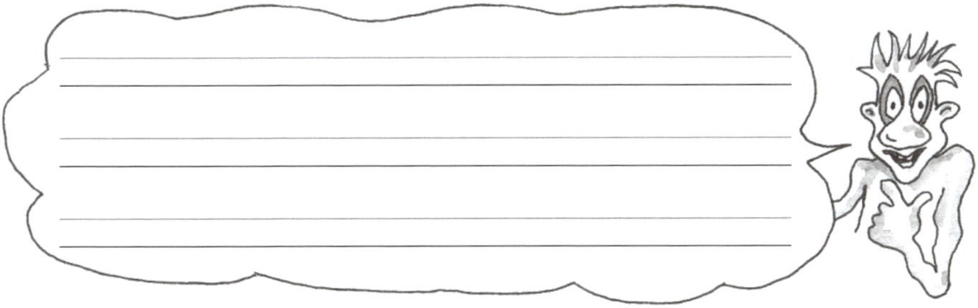

4. **Wovon wird jetzt ganz viel gebraucht? Male das richtige Fass farbig aus.**

Kapitel 10

Den ganzen Nachmittag verbrachte Hugo damit, über den Rand einer Badewanne zu schwabbeln. Als es draußen dunkel wurde, war sie bis an den Rand mit glitzerndem, klebrigem MUG-Schleim gefüllt.

Tom und Frau Kümmelsaft füllten den MUG-Schleim in Eimer. Einen davon schleppten sie hinunter in den Keller, um die Tür zum Weinkeller damit zu bepinseln. Alle sechzehn Personen, einschließlich des Direktors, hatten sich inzwischen dort eingefunden. Vier Eimer MUG-Schleim kamen hinter die Rezeption, zwecks späterer Verpinselung.

Zum Schluss schleppten Tom und Frau Kümmelsaft noch ein paar Eimer zum Strand hinunter. Hugo kam gähnend hinterher. Frau Kümmelsaft zog mit dem Fuß einen Strich in den Sand. „Bis hierher darf der GRUBLIGEI kommen und keinen Schlabberschritt weiter. Kipp alle Eimer aus, und wenn er kommt, schleimst du noch mal frisch drüber. Wenn er ins Meer taucht, sind wir alle verloren! Verstanden?“

„Jo, jo, üch bün jo nücht blöhöd“, schnaubte Hugo beleidigt. „Lockt ühr ühn örst mol hör. Für dön Röst sorg üch schon!“ „Na hoffentlich“, murmelte Tom und sah am Hotel hinauf. Die Fenster des dritten und vierten Stocks waren rot erleuchtet. Tom stand wie angewurzelt da.

„Seht mal da oben im zweiten Stock“, flüsterte er. „Da läuft doch jemand mit einer Kerze herum!“ „Das ist das Zimmer von diesem Schemmelmann!“, rief Frau Kümmelsaft. „Er hat im Keller herumgeschimpft, dass er sein Gebiss im Zimmer vergessen hat. Der wird doch nicht so verrückt sein, deswegen noch mal hochzugehen?“ „Er ist so verrückt!“, stellte Tom fest. „Wie sieht's aus? Sollen Hugo und ich ihn schnell da rausholen?“

Hugo klemmte sich Tom unter den Arm und schwebte mit ihm hinauf. Sie waren noch nicht ganz oben, als plötzlich die Balkontür aufflog und sich Herr Schemmelmann schreiend übers Geländer lehnte. „Hilfe!“, brüllte er.

Der GRUBLIGEI schob seinen feurigen Kopf aus der Balkontür, grinste und streckte seine brennenden Finger nach Herrn Schemmelmann aus.

Mit einem Satz war Tom auf dem Balkon. Tom starrte in die grässlichen Augen. Diesmal waren sie schwarz wie Kohlen und finster wie die Hölle. Tom drückte mit bebenden Fingern auf seiner Zuckergussspritze herum, aber es kam einfach nichts heraus.

Wie weißer Rauch kam Hugos Hand unterm Balkon hervor und strich mit schleimigen Fingern übers Geländer. Seine ellenlangen Schlabberarme schlangen sich blitzschnell um Tom und Herrn Schemmelmann. Dann hob Hugo sie ganz einfach hoch und trug sie davon.

Tobend vor Wut loderte der GRUBLIGEI hinter ihnen her. Aber als er seine Flammenarme über das Geländer streckte, fuhr er jaulend zurück und kratzte sich, als hätte er Flöhe. Sanft ließ Hugo Tom und Herrn Schemmelmann neben Frau Kümmelsaft in den Sand plumpsen.

Fortsetzung folgt

1. **Hugo macht ganz viel MUG-Schleim.**
   Worin wird der viele Schleim gesammelt?
   Setze die Silben richtig zusammen.

wan Ba ne de

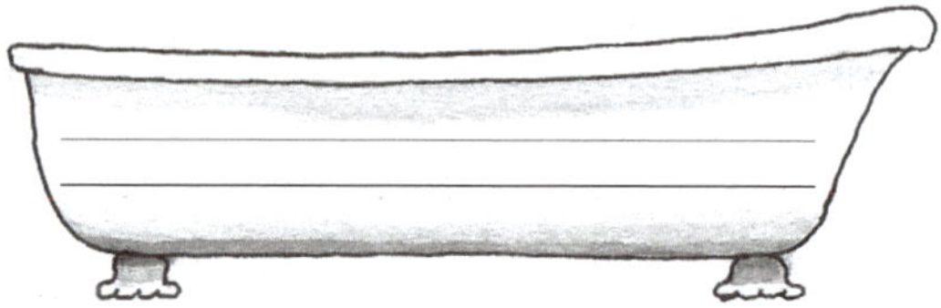

2. **Wie ist der MUG-Schleim?**
   Male die beiden Schleimspuren mit
   den richtigen Adjektiven (Wiewörtern) farbig aus.

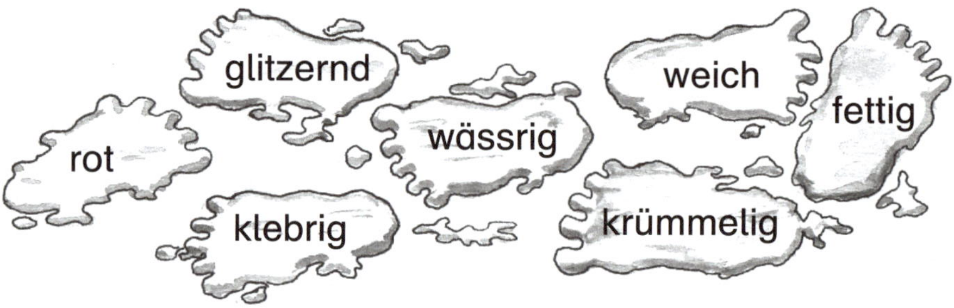

3. **Hedwig Kümmelsaft und Tom verteilen im Hotel**
   den Schleim. Womit verteilen sie ihn?
   Kreise ein und schreibe auf die Linie.

4. **Am Strand guckt Tom zum Hotel hinauf.**
   Er entdeckt einen Gast, der noch im Hotel ist.
   Tom steht wie angewurzelt da.
   Was bedeutet das?
   Wie fühlt sich Tom in diesem Moment?

a) **Besprich die Fragen mit einem anderen Kind.**

b) **Spiele dem anderen Kind vor, wie Tom dasteht.**

5. **Herr Schemmelmann hat etwas**
   in seinem Hotelzimmer vergessen. Kreuze es an.

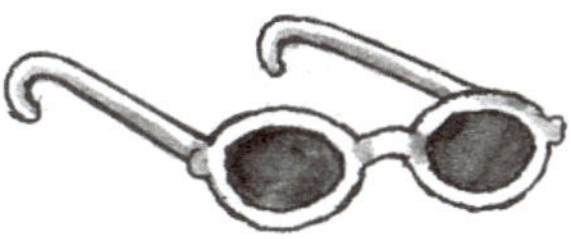

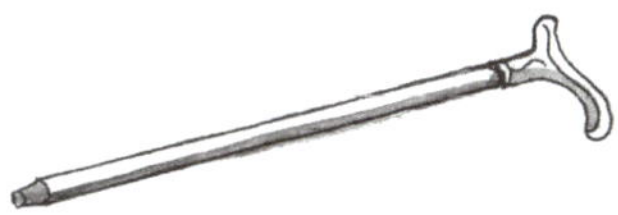

❑ seinen Stock

❑ seine Sonnenbrille

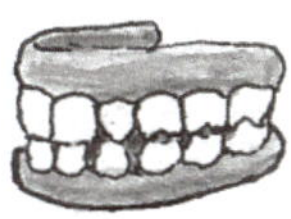

❑ sein Gebiss

6. **Hugo hat das Geländer vollgeschleimt.**
   Wie reagiert der GRUBLIGEI darauf?
   Ergänze den Satz.

Er fährt ____________________ zurück und
(lachend / jaulend)

____________________ sich, als hätte er ____________________ .
(freut / kratzt) (Flöhe / Geburtstag)

Kapitel 11

Tom und Hedwig Kümmelsaft hasteten zum Hotel. Sie holten die Eimer voller MUG-Schleim hinter der Rezeption hervor und verteilten den Inhalt mit großen Pinseln vor allen Türen. Nur die Tür zum Salon*, durch den es hinaus zur Veranda und zum Strand ging, die ließen sie unverschleimt.

* Zimmer für den Empfang von Gästen

Seite an Seite stellten sie sich in die Tür zum Salon. Es war totenstill in dem großen Hotel. Aber da spürte Tom plötzlich, dass es warm wurde, sehr warm. „Er kommt!“, rief Frau Kümmelsaft. Und der GRUBLIGEI kam.

Erst verfärbte sich die Decke. Ruß rieselte herunter, und braune Brandflecken breiteten sich aus. Die Aufzugtür sprang auf und gelbe Rauchwolken quollen heraus, beißend und stinkend. Der GRUBLIGEI sprang aus der Decke. Rot glühend und feurig fiel er herab. Seine Beine waren krumm und kurz und trugen schwer an seinem plumpen Leib.

Die Arme hingen ihm bis zu den Knien und sein riesiger Kopf klemmte halslos zwischen bucklig gekrümmten Schultern. „Zzzzzzzrrrrrrrhhhhhhh!“, knurrte der GRUBLIGEI mit gefletschten Zähnen. Mit stampfenden Schritten kam er auf sie zu.

„Los!“, schrie Frau Kümmelsaft. Das ließ Tom sich nicht zweimal sagen. Seite an Seite rannten sie durch den Salon.

Außer Atem, hustend vom Rauch, stolperten Tom und Hedwig Kümmelsaft die Treppe zum Strand hinunter. Schon spürten sie den heißen Atem des GRUBLIGEIs im Nacken. Wie ein riesiger Feuerball sprang der GRUBLIGEI auf krummen Beinen von der Veranda in den Sand, mitten hinein in den Kreis, den Hugo mit seinem schimmernden MUG-Schleim gezogen hatte.

Brüllend sprang der GRUBLIGEI im Sand herum, immer schneller, bis er sich wie ein Kreisel drehte. Mit jeder Drehung wurde er dünner und länger, bis er nichts war als eine wirbelnde Flammensäule, die immer höher in den Himmel wuchs.

„Gleich!“, flüsterte Frau Kümmelsaft. „Gleich haben wir es geschafft!“ Aber da, ganz plötzlich, bremste der GRUBLIGEI sein Kreiseln und blieb mit einem Ruck stehen. Er blies mit all seiner ihm verbliebenden Kraft auf Hugos Schleimspur. Der Schleim fing an zu zischen und zu dampfen und zerfiel zu Asche.

„Naaaaaaaaaaaa waaaaaaaaartet!“, fauchte der GRUBLIGEI, sprang qualmend und stinkend auf das Wasser zu und tauchte mit seinem feurigen Leib in die Wellen. Wie eine Stichflamme wuchs er in den schwarzen Himmel, höher und höher, bis er so riesig war, dass er den Mond verdeckte.

Da erschien plötzlich hinter seinem linken Knie etwas schimmelig Grünes, Schwabbelgliedriges. „Hugo!“, schrie Tom. „Verschwinde! Schnell!“

Fortsetzung folgt

1. Der GRUBLIGEI erscheint.
Unterstreiche die Wörter und Wortgruppen rot, die auf den Feuergeist zutreffen.
Tipp: Lies dazu auf Seite 65 nach.

Arme bis zu den Knien

rot glühend

plumper Leib

lauwarm

kein Hals

feurig

dünn

krumme Beine

lange Haare

gekrümmte Schultern

2. Wohin locken Hedwig und Tom den GRUBLIGEI?
Male das richtige Schild farbig aus.

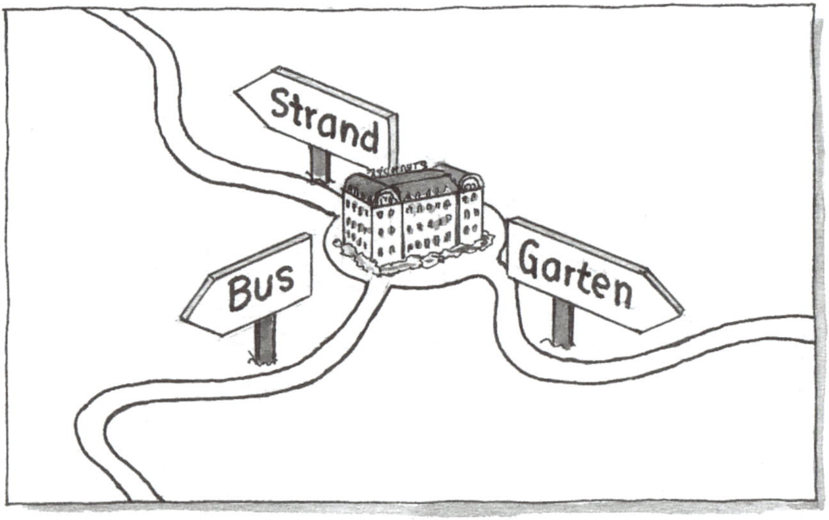

3. Der GRUBLIGEI geht in die Falle aus MUG-Schleim. Welche Form hat die Falle? Schreibe die Namen der Formen auf und male danach die richtige Form farbig aus. Tipp: Lies dazu auf Seite 66 nach.

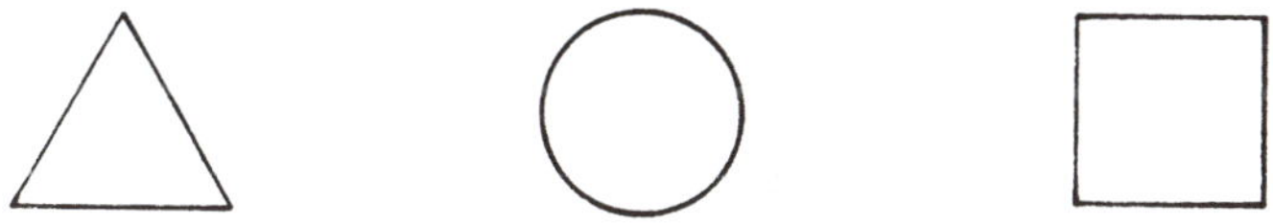

______________________ ______________________ ______________________

4. Der GRUBLIGEI dreht sich wie ein Kreisel. Wozu wird er? Sieh dir mit einem anderen Kind die Bilder an und schreibe die Antwort auf. Tipp: Lies dazu auf Seite 67 nach.

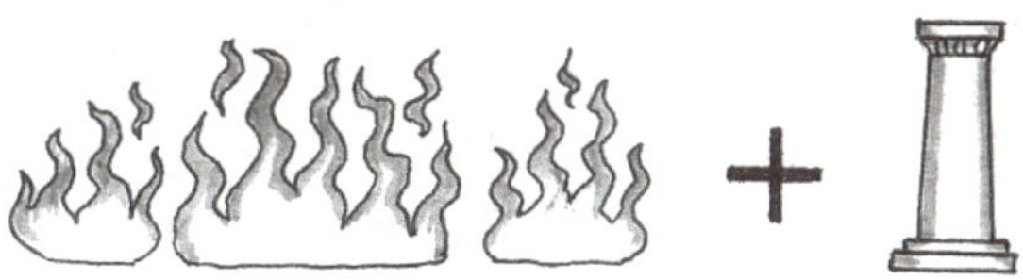

Er wird zu einer ______________________________

5. Der GRUBLIGEI wird immer größer. Wie groß wird er? Kreuze an.

Der GRUBLIGEI wird so groß,

- ❑ dass er das Hotel verdeckt.
- ❑ dass er den Mond verdeckt.

Kapitel 12

Hugo dachte gar nicht daran zu verschwinden. Das MUG schwebte höher und höher, vorbei an den Feuerfingern, die wütend nach ihm griffen, bis er direkt über der Flammenmähne des GRUBLIGEIs schwebte.

„Moch's guhuhut, du Ökölpoköt!", säuselte Hugo. Und dann spuckte er dem riesigen Geist mitten auf den Kopf. „Jiiiiiihhhhhaaaaarrrrrrr!", kreischte der GRUBLIGEI schrill, blähte sich auf wie ein feuriger Fesselballon und platzte mit einem Knall, der alle Fensterscheiben der Strandperle zerplatzen ließ.

Millionen feuriger Funken rieselten ins Meer. Hugo wurde an den Strand gewirbelt und plumpste neben Tom in den Sand. „Ich fasse es nicht!", rief Frau Kümmelsaft. „Woher hast du gewusst, dass deine Spucke auf dieses Ungeheuer so eine Wirkung hat?" Hugo grinste. „Moinö Spuckö üst vühühül schloimigör ols moin Schloim. Vörstöht ühr?"

Dann kehrten die Gespensterjäger müde, aber sehr glücklich, zum Hotel zurück. Die Geretteten strömten aus dem Keller hinaus an den Strand. Dort feierten sie die gelungene Gespenstervertreibung.

Tom und Hugo setzten sich etwas abseits in den Sand und sahen aufs Meer hinaus.

Frau Kümmelsaft und Direktor Wichtigmann machten zusammen einen Rundgang durch das Hotel. Die Strandperle war nun wirklich geisterfrei – bis auf einen winzigen Feuergeist, den sie in einem Zahnputzbecher entdeckten und ohne Schwierigkeiten einfingen.

Der Zustand des Hotels war ziemlich trostlos. Wände, Decken, Möbel, alles war angekokelt, verrußt und voller Asche. Sämtliche Türklinken und Zimmernummern waren zerschmolzen und die Fußspuren des GRUBLIGEIs auf dem Teppich würden mit keinem Putzmittel der Welt zu beseitigen sein.

„Ich bin ruiniert*!“, schluchzte der Direktor. „Na, na, mein lieber Herr Direktor“, sagte Frau Kümmelsaft und tätschelte ihm mitfühlend die Schulter.

„Ich habe mir Folgendes überlegt“, sagte Frau Kümmelsaft. „Sie machen aus der Strandperle einfach ein Gespensterhotel!“ „Ein was?“, fragte der Direktor überrascht. „Ein Gespensterhotel“, wiederholte sie.

* zerstört, am Ende sein

„Ich stelle mir das folgendermaßen vor: Sie lassen Klinken und Zimmernummern so zerschmolzen, wie sie sind. Die Fußspuren auf dem Teppich würde ich auch lassen, so was ist sehr wirkungsvoll. Ja, und in einigen Zimmern würde ich nicht mal den Ruß und die Asche beseitigen. Das werden die Feuergeist-Räume der Extraklasse, Echtheit garantiert!“ Hedwig Kümmelsaft lächelte.

„Als Nächstes engagieren Sie einige harmlose Gespenster als Ober für den Esssalon. Ich würde GAGAHAGs* empfehlen. Schließlich fragen Sie unseren lieben Hugo, ob er ab und zu Sonderspukvorstellungen gibt. Für so etwas ist er vorzüglich geeignet!“

„Keine schlechte Idee!“, rief Direktor Wichtigmann. Er fiel Frau Kümmelsaft um den Hals. „Ich freue mich, dass die Sache damit so ein gutes Ende nimmt“, sagte Frau Kümmelsaft.

Fortsetzung folgt

* **GA**nz und **GA**r **HA**rmlose **G**espenster

1. **Was tut Hugo, um den GRUBLIGEI zu besiegen? Ergänze den Satz.**

Er ______________ dem GRUBLIGEI

auf den ______________.

2. **Vorher ruft Hugo dem Feuergeist noch etwas in seiner Aussprache hinterher. Was?**

a) **Male die richtige Sprechblase gelb aus.**

Bis bald, Kollege.

Mach's gut,
du Ekelpaket!

b) **Versuche den Ausruf so auszusprechen wie Hugo.**

3. **Der GRUBLIGEI bläht sich wie ein Fesselballon auf. Informiere dich in einem Lexikon über Fesselballons und male oder schreibe dazu in den Rahmen.**

**4. Der GRUBLIGEI platzt.
Welcher Satz ist falsch? Streiche ihn durch.**

Millionen feuriger Funken rieselten ins Meer.
Eine Feuerkugel schoss ins All.

**5. Das Hotel Strandperle ist verwüstet.
Was schlägt Hedwig Kümmelsaft vor? Kreuze an.**

❑ Das Hotel soll abgerissen werden.
❑ Direktor Wichtigmann soll einen neuen Beruf erlernen und damit sein Geld verdienen.
❑ Direktor Wichtigmann soll aus dem Hotel Strandperle ein Gespensterhotel machen.

**6. Was genau sind GAGAHAGs?
Male das richtige Gespenst farbig aus.**

GAnz und GAr
HAarige Gespenster

GAnz und GAr
HArmlose Gespenster

7. Würdest du Urlaub in einem Gespensterhotel machen? Kreuze an und begründe deine Antwort.

❑ Ja ❑ Nein Grund: ______________________

____

Kapitel 13

„Eins haben wir fast vergessen! Ihre Gäste!", rief Hedwig Kümmelsaft und zeigte auf die sieben Thermoskannen. „Wir müssen sie noch zurückverwandeln! Wir brauchen Watte, Zuckerguss mit Pfefferminzgeschmack und etwas Geduld." Hugo weigerte sich, beim Entgeistern zu helfen. Er fand, dass er für mindestens hundert Jahre genug gearbeitet hätte.

Die andern drei machten sich an die Arbeit. Tom hielt sich seinen Geist ganz nah vor die Augen. „Ich glaub, ich hab diese Frau Rothermund erwischt“, stellte er fest. „Au, jetzt hat sie mich in den Finger gebissen!“ Direktor Wichtigmann betrachtete den Geist, der in seiner Hand zappelte: „Oh, bei meinem handelt es sich offenbar um Doktor Klotz-Klebrig!“

Frau Kümmelsaft tauchte einen Wattebausch in eine große Schüssel, die bis an den Rand mit Zuckerguss gefüllt war. Sie erklärte: „Zuerst bestreicht man Hinterkopf und Schultern mit Zuckerguss. Dann schmieren wir Rumpf und Arme und zuletzt die Beine ein. Durch den Zucker kann der Geist nicht davonschweben. Und in vier bis fünf Stunden wird die Rückverwandlung abgeschlossen sein.“

Als endlich alle gefangenen Feuergeister verzuckert auf dem Schreibtisch saßen, waren Tom und Frau Kümmelsaft so müde, dass sie beschlossen, sich ein bisschen aufs Ohr zu legen.

Ende

1. Eine wichtige Sache haben die Gespensterjäger noch zu erledigen. Ergänze den Satz.

Die Gespensterjäger müssen die sieben Feuergeister

noch ______________________________.

baden / zurückverwandeln / füttern

2. Hugo will nicht beim Entgeistern helfen. Er meint, dass er für eine bestimmte Zeit lang genug gearbeitet hat. Für wie lange? Kreuze an.

- ❑ 3 Wochen
- ❑ 10 Monate
- ❑ 100 Jahre
- ❑ 300 Jahre

3. Um die Geister zurückzuverwandeln, müssen sie mit Zuckerguss bestrichen werden. Welche Körperteile müssen nacheinander bestrichen werden? Nummeriere in der richtigen Reihenfolge. Lies auf Seite 77 nach.

- ☐ der Rumpf und die Arme
- ☐ die Beine
- ☐ der Hinterkopf und die Schultern

4. Wie hat dir die Geschichte von den Gespensterjägern gefallen? Schreibe deine Meinung in die Sprechblase und begründe sie. Klebe ein Bild von dir dazu.

5. Hier erfährst du, wer die Geschichte geschrieben hat.

Cornelia Funke hat sich die Geschichte von den Gespensterjägern ausgedacht. Dabei macht es ihr viel Spaß, sich Abkürzungen für verschiedene Gepenstersorten auszudenken. Vier Bücher gibt es schon von den Abenteuern mit „Kümmelsaft & Co.“. Und eine Idee für die fünfte Geschichte hat Cornelia Funke auch schon.

6. Wenn du Lust hast, frage in deiner Bücherei nach den anderen Geschichten von den Gespensterjägern und leihe dir ein Buch aus.

Autor und Titel der Originalausgabe:
Cornelia Funke, Gespensterjäger im Feuerspuk © 1994 Loewe Verlag GmbH, Bindlach

Foto S. 79: Verlagsgruppe Oetinger/Cecilie Dressler Verlag/Pressebild

Redaktion: lüra – Klemt & Mues GbR
Projektleitung: Susanne Dahlbüdding
Technische Umsetzung: Manuela Mantey-Frempong

www.cornelsen.de

1. Auflage, 6. Druck 2018

Alle Drucke dieser Auflage sind inhaltlich unverändert
und können im Unterricht nebeneinander verwendet werden.

Druck: H. Heenemann, Berlin

ISBN 978-3-464-82873-1

PEFC
PEFC/04-31-1156

PEFC zertifiziert
Dieses Produkt stammt aus nachhaltig bewirtschafteten Wäldern und kontrollierten Quellen.

www.pefc.de